THIS JOURNAL BELONGS TO:

_____

IF LOST, PLEASE CONTACT ME AT:

_____

_____

_____

Date: _____

QUESTION:_____
_____

RUNE DRAWN::_____

INTERPRETATION:

_____
_____
_____
_____
_____
_____
_____

Date: _____

QUESTION:_____
_____

RUNE DRAWN::_____

INTERPRETATION:

_____
_____
_____
_____
_____
_____

Date: _____

QUESTION:_____
_____

RUNE DRAWN::_____

INTERPRETATION:

_____
_____
_____
_____
_____
_____
_____

Date: _____

QUESTION:_____
_____

RUNE DRAWN::_____

INTERPRETATION:

_____
_____
_____
_____
_____
_____
_____

Date: _____

QUESTION: _____
_____

RUNE DRAWN:: _____

INTERPRETATION:

_____
_____
_____
_____
_____
_____
_____

Date: _____

QUESTION: _____
_____

RUNE DRAWN:: _____

INTERPRETATION:

_____
_____
_____
_____
_____
_____
_____

Date: _____

QUESTION:_____
_____

RUNE DRAWN::_____

INTERPRETATION:

_____
_____
_____
_____
_____
_____
_____

Date: _____

QUESTION:_____
_____

RUNE DRAWN::_____

INTERPRETATION:

_____
_____
_____
_____
_____
_____
_____

Date: _____

QUESTION:_____

_____

RUNE DRAWN::_____

INTERPRETATION:

_____

_____

_____

_____

_____

_____

_____

Date: _____

QUESTION:_____

_____

RUNE DRAWN::_____

INTERPRETATION:

_____

_____

_____

_____

_____

_____

_____

Date: _____

QUESTION:_____
_____

RUNE DRAWN::_____

INTERPRETATION:

_____
_____
_____
_____
_____
_____
_____

Date: _____

QUESTION:_____
_____

RUNE DRAWN::_____

INTERPRETATION:

_____
_____
_____
_____
_____
_____
_____

Date: _____

QUESTION:_____
_____

RUNE DRAWN::_____

INTERPRETATION:

_____
_____
_____
_____
_____
_____
_____

Date: _____

QUESTION:_____
_____

RUNE DRAWN::_____

INTERPRETATION:

_____
_____
_____
_____
_____
_____
_____

Date: _____

QUESTION:_____
_____

RUNE DRAWN::_____

INTERPRETATION:

_____
_____
_____
_____
_____
_____
_____

Date: _____

QUESTION:_____
_____

RUNE DRAWN::_____

INTERPRETATION:

_____
_____
_____
_____
_____
_____
_____

Date: _____

QUESTION: _____
_____

RUNE DRAWN:: _____

INTERPRETATION:

_____
_____
_____
_____
_____
_____
_____

Date: _____

QUESTION: _____
_____

RUNE DRAWN:: _____

INTERPRETATION:

_____
_____
_____
_____
_____
_____

Date: _____

QUESTION:_____
_____

RUNE DRAWN::_____

INTERPRETATION:

_____
_____
_____
_____
_____
_____
_____

Date: _____

QUESTION:_____
_____

RUNE DRAWN::_____

INTERPRETATION:

_____
_____
_____
_____
_____
_____
_____

Date: _____

QUESTION:_____
_____

RUNE DRAWN::_____

INTERPRETATION:

_____
_____
_____
_____
_____
_____
_____

Date: _____

QUESTION:_____
_____

RUNE DRAWN::_____

INTERPRETATION:

_____
_____
_____
_____
_____
_____
_____

Date: _____

QUESTION:_____
_____

RUNE DRAWN::_____

INTERPRETATION:

_____
_____
_____
_____
_____
_____
_____

Date: _____

QUESTION:_____
_____

RUNE DRAWN::_____

INTERPRETATION:

_____
_____
_____
_____
_____
_____
_____

Date: _____

QUESTION: _____
_____

RUNE DRAWN:: _____

INTERPRETATION:

_____
_____
_____
_____
_____
_____
_____

Date: _____

QUESTION: _____
_____

RUNE DRAWN:: _____

INTERPRETATION:

_____
_____
_____
_____
_____
_____

Date: _____

QUESTION:_____
_____

RUNE DRAWN::_____

INTERPRETATION:

_____
_____
_____
_____
_____
_____
_____

Date: _____

QUESTION:_____
_____

RUNE DRAWN::_____

INTERPRETATION:

_____
_____
_____
_____
_____
_____
_____

Date: _____

QUESTION:_____
_____

RUNE DRAWN::_____

INTERPRETATION:

_____
_____
_____
_____
_____
_____
_____

Date: _____

QUESTION:_____
_____

RUNE DRAWN::_____

INTERPRETATION:

_____
_____
_____
_____
_____
_____
_____

Date: _____

QUESTION:_____
_____

RUNE DRAWN::_____

INTERPRETATION:

_____
_____
_____
_____
_____
_____
_____

Date: _____

QUESTION:_____
_____

RUNE DRAWN::_____

INTERPRETATION:

_____
_____
_____
_____
_____
_____
_____

Date: _____

QUESTION:_____
_____

RUNE DRAWN::_____

INTERPRETATION:

_____
_____
_____
_____
_____
_____
_____

Date: _____

QUESTION:_____
_____

RUNE DRAWN::_____

INTERPRETATION:

_____
_____
_____
_____
_____
_____
_____

Date: _____

QUESTION:_____
_____

RUNE DRAWN::_____

INTERPRETATION:

_____
_____
_____
_____
_____
_____
_____

Date: _____

QUESTION:_____
_____

RUNE DRAWN::_____

INTERPRETATION:

_____
_____
_____
_____
_____
_____
_____

Date: _____

QUESTION: _____
_____

RUNE DRAWN:: _____

INTERPRETATION:

_____
_____
_____
_____
_____
_____
_____

Date: _____

QUESTION: _____
_____

RUNE DRAWN:: _____

INTERPRETATION:

_____
_____
_____
_____
_____
_____
_____

Date: _____

QUESTION:_____
_____

RUNE DRAWN::_____

INTERPRETATION:

_____
_____
_____
_____
_____
_____
_____

Date: _____

QUESTION:_____
_____

RUNE DRAWN::_____

INTERPRETATION:

_____
_____
_____
_____
_____
_____
_____

Date: _____

QUESTION: _____
_____

RUNE DRAWN:: _____

INTERPRETATION:
_____
_____
_____
_____
_____
_____
_____

Date: _____

QUESTION: _____
_____

RUNE DRAWN:: _____

INTERPRETATION:
_____
_____
_____
_____
_____
_____

Date: _____

QUESTION:_____
_____

RUNE DRAWN::_____

INTERPRETATION:

_____
_____
_____
_____
_____
_____
_____

Date: _____

QUESTION:_____
_____

RUNE DRAWN::_____

INTERPRETATION:

_____
_____
_____
_____
_____
_____
_____

Date: _____

QUESTION: _____
_____

RUNE DRAWN:: _____

INTERPRETATION:

_____

_____

_____

_____

_____

_____

_____

Date: _____

QUESTION: _____
_____

RUNE DRAWN:: _____

INTERPRETATION:

_____

_____

_____

_____

_____

_____

_____

Date: _____

QUESTION:_____
_____

RUNE DRAWN::_____

INTERPRETATION:

_____
_____
_____
_____
_____
_____
_____

Date: _____

QUESTION:_____
_____

RUNE DRAWN::_____

INTERPRETATION:

_____
_____
_____
_____
_____
_____
_____

Date: _____

QUESTION: _____
_____

RUNE DRAWN:: _____

INTERPRETATION:

_____
_____
_____
_____
_____
_____
_____

Date: _____

QUESTION: _____
_____

RUNE DRAWN:: _____

INTERPRETATION:

_____
_____
_____
_____
_____
_____
_____

Date: _____

QUESTION:_____
_____

RUNE DRAWN::_____

INTERPRETATION:

_____
_____
_____
_____
_____
_____
_____

Date: _____

QUESTION:_____
_____

RUNE DRAWN::_____

INTERPRETATION:

_____
_____
_____
_____
_____
_____
_____

Date: _____

QUESTION:_____
_____

RUNE DRAWN::_____

INTERPRETATION:

_____
_____
_____
_____
_____
_____
_____

Date: _____

QUESTION:_____
_____

RUNE DRAWN::_____

INTERPRETATION:

_____
_____
_____
_____
_____
_____
_____

Date: _____

QUESTION:_____
_____

RUNE DRAWN::_____

INTERPRETATION:

_____
_____
_____
_____
_____
_____
_____

Date: _____

QUESTION:_____
_____

RUNE DRAWN::_____

INTERPRETATION:

_____
_____
_____
_____
_____
_____
_____

Date: _____

QUESTION: _____
_____

RUNE DRAWN:: _____

INTERPRETATION:

_____
_____
_____
_____
_____
_____
_____

Date: _____

QUESTION: _____
_____

RUNE DRAWN:: _____

INTERPRETATION:

_____
_____
_____
_____
_____
_____

Date: _____

QUESTION:_____
_____

RUNE DRAWN::_____

INTERPRETATION:

_____
_____
_____
_____
_____
_____
_____

Date: _____

QUESTION:_____
_____

RUNE DRAWN::_____

INTERPRETATION:

_____
_____
_____
_____
_____
_____
_____

Date: _____

QUESTION:_____
_____

RUNE DRAWN::_____

INTERPRETATION:

_____
_____
_____
_____
_____
_____
_____

Date: _____

QUESTION:_____
_____

RUNE DRAWN::_____

INTERPRETATION:

_____
_____
_____
_____
_____
_____
_____

Date: _____

QUESTION:_____
_____

RUNE DRAWN::_____

INTERPRETATION:

_____
_____
_____
_____
_____
_____
_____

Date: _____

QUESTION:_____
_____

RUNE DRAWN::_____

INTERPRETATION:

_____
_____
_____
_____
_____
_____
_____

Date: _____

QUESTION:_____

_____

RUNE DRAWN::_____

INTERPRETATION:

_____
_____
_____
_____
_____
_____
_____

Date: _____

QUESTION:_____

_____

RUNE DRAWN::_____

INTERPRETATION:

_____
_____
_____
_____
_____
_____
_____

Date: _____

QUESTION:_____

_____

RUNE DRAWN::_____

INTERPRETATION:

_____
_____
_____
_____
_____
_____
_____

Date: _____

QUESTION:_____

_____

RUNE DRAWN::_____

INTERPRETATION:

_____
_____
_____
_____
_____
_____
_____

Date: _____

QUESTION:_____

_____

RUNE DRAWN::_____

INTERPRETATION:

_____

_____

_____

_____

_____

_____

_____

Date: _____

QUESTION:_____

_____

RUNE DRAWN::_____

INTERPRETATION:

_____

_____

_____

_____

_____

_____

Date: _____

QUESTION:_____
_____

RUNE DRAWN::_____

INTERPRETATION:

_____
_____
_____
_____
_____
_____
_____

Date: _____

QUESTION:_____
_____

RUNE DRAWN::_____

INTERPRETATION:

_____
_____
_____
_____
_____
_____
_____

Date: _____

QUESTION:_____

_____

RUNE DRAWN::_____

INTERPRETATION:

_____
_____
_____
_____
_____
_____
_____

Date: _____

QUESTION:_____

_____

RUNE DRAWN::_____

INTERPRETATION:

_____
_____
_____
_____
_____
_____
_____

Date: _____

QUESTION:_____
_____

RUNE DRAWN::_____

INTERPRETATION:

_____
_____
_____
_____
_____
_____
_____

Date: _____

QUESTION:_____
_____

RUNE DRAWN::_____

INTERPRETATION:

_____
_____
_____
_____
_____
_____
_____

Date: _____

QUESTION:_____

_____

RUNE DRAWN::_____

INTERPRETATION:

_____

_____

_____

_____

_____

_____

_____

Date: _____

QUESTION:_____

_____

RUNE DRAWN::_____

INTERPRETATION:

_____

_____

_____

_____

_____

_____

_____

Date: _____

QUESTION:_____
_____

RUNE DRAWN::_____

INTERPRETATION:

_____
_____
_____
_____
_____
_____
_____

Date: _____

QUESTION:_____
_____

RUNE DRAWN::_____

INTERPRETATION:

_____
_____
_____
_____
_____
_____
_____

Date: _____

QUESTION:_____
_____

RUNE DRAWN::_____

INTERPRETATION:

_____
_____
_____
_____
_____
_____

Date: _____

QUESTION:_____
_____

RUNE DRAWN::_____

INTERPRETATION:

_____
_____
_____
_____
_____
_____

Date: _____

QUESTION:_____
_____

RUNE DRAWN::_____

INTERPRETATION:

_____
_____
_____
_____
_____
_____
_____

Date: _____

QUESTION:_____
_____

RUNE DRAWN::_____

INTERPRETATION:

_____
_____
_____
_____
_____
_____
_____

Date: _____

QUESTION:_____
_____

RUNE DRAWN::_____

INTERPRETATION:

_____
_____
_____
_____
_____
_____
_____

Date: _____

QUESTION:_____
_____

RUNE DRAWN::_____

INTERPRETATION:

_____
_____
_____
_____
_____
_____
_____

Date: _____

QUESTION:_____
_____

RUNE DRAWN::_____

INTERPRETATION:

_____
_____
_____
_____
_____
_____
_____

Date: _____

QUESTION:_____
_____

RUNE DRAWN::_____

INTERPRETATION:

_____
_____
_____
_____
_____
_____
_____

Date: _____

QUESTION:_____

_____

RUNE DRAWN::_____

INTERPRETATION:

_____

_____

_____

_____

_____

_____

_____

Date: _____

QUESTION:_____

_____

RUNE DRAWN::_____

INTERPRETATION:

_____

_____

_____

_____

_____

_____

_____

Date: _____

QUESTION:_____
_____

RUNE DRAWN::_____

INTERPRETATION:

_____
_____
_____
_____
_____
_____
_____

Date: _____

QUESTION:_____
_____

RUNE DRAWN::_____

INTERPRETATION:

_____
_____
_____
_____
_____
_____
_____

Date: _____

QUESTION: _____
_____

RUNE DRAWN:: _____

INTERPRETATION:

_____
_____
_____
_____
_____
_____
_____

Date: _____

QUESTION: _____
_____

RUNE DRAWN:: _____

INTERPRETATION:

_____
_____
_____
_____
_____
_____

Date: _____

QUESTION:_____
_____

RUNE DRAWN::_____

INTERPRETATION:

_____
_____
_____
_____
_____
_____
_____

Date: _____

QUESTION:_____
_____

RUNE DRAWN::_____

INTERPRETATION:

_____
_____
_____
_____
_____
_____
_____

Date: _____

QUESTION: _____

_____

RUNE DRAWN:: _____

INTERPRETATION:

_____

_____

_____

_____

_____

_____

_____

Date: _____

QUESTION: _____

_____

RUNE DRAWN:: _____

INTERPRETATION:

_____

_____

_____

_____

_____

_____

_____

Date: _____

QUESTION:_____
_____

RUNE DRAWN::_____

INTERPRETATION:

_____
_____
_____
_____
_____
_____
_____

Date: _____

QUESTION:_____
_____

RUNE DRAWN::_____

INTERPRETATION:

_____
_____
_____
_____
_____
_____
_____

Date: _____

QUESTION: _____

_____

RUNE DRAWN:: _____

INTERPRETATION:

_____

_____

_____

_____

_____

_____

_____

Date: _____

QUESTION: _____

_____

RUNE DRAWN:: _____

INTERPRETATION:

_____

_____

_____

_____

_____

_____

Date: _____

QUESTION:_____
_____

RUNE DRAWN::_____

INTERPRETATION:

_____
_____
_____
_____
_____
_____
_____

Date: _____

QUESTION:_____
_____

RUNE DRAWN::_____

INTERPRETATION:

_____
_____
_____
_____
_____
_____
_____

Date: _____

QUESTION: _____
_____

RUNE DRAWN:: _____

INTERPRETATION:

_____
_____
_____
_____
_____
_____
_____

Date: _____

QUESTION: _____
_____

RUNE DRAWN:: _____

INTERPRETATION:

_____
_____
_____
_____
_____
_____

Date: _____

QUESTION:_____
_____

RUNE DRAWN::_____

INTERPRETATION:

_____
_____
_____
_____
_____
_____
_____

Date: _____

QUESTION:_____
_____

RUNE DRAWN::_____

INTERPRETATION:

_____
_____
_____
_____
_____
_____
_____

Date: _____

QUESTION:_____
_____

RUNE DRAWN::_____

INTERPRETATION:

_____
_____
_____
_____
_____
_____
_____

Date: _____

QUESTION:_____
_____

RUNE DRAWN::_____

INTERPRETATION:

_____
_____
_____
_____
_____
_____

Date: _____

QUESTION:_____
_____

RUNE DRAWN::_____

INTERPRETATION:

_____
_____
_____
_____
_____
_____
_____

Date: _____

QUESTION:_____
_____

RUNE DRAWN::_____

INTERPRETATION:

_____
_____
_____
_____
_____
_____
_____

Date: _____

QUESTION: _____
_____

RUNE DRAWN:: _____

INTERPRETATION:

_____
_____
_____
_____
_____
_____
_____

Date: _____

QUESTION: _____
_____

RUNE DRAWN:: _____

INTERPRETATION:

_____
_____
_____
_____
_____
_____
_____

Date: _____

QUESTION:_____
_____

RUNE DRAWN::_____

INTERPRETATION:

_____
_____
_____
_____
_____
_____
_____

Date: _____

QUESTION:_____
_____

RUNE DRAWN::_____

INTERPRETATION:

_____
_____
_____
_____
_____
_____
_____

Date: _____

QUESTION:_____
_____

RUNE DRAWN::_____

INTERPRETATION:

_____
_____
_____
_____
_____
_____
_____

Date: _____

QUESTION:_____
_____

RUNE DRAWN::_____

INTERPRETATION:

_____
_____
_____
_____
_____
_____
_____

Date: _____

QUESTION:_____
_____

RUNE DRAWN::_____

INTERPRETATION:

_____
_____
_____
_____
_____
_____
_____

Date: _____

QUESTION:_____
_____

RUNE DRAWN::_____

INTERPRETATION:

_____
_____
_____
_____
_____
_____
_____

Date: _____

QUESTION: _____
_____

RUNE DRAWN:: _____

INTERPRETATION:

_____
_____
_____
_____
_____
_____

Date: _____

QUESTION: _____
_____

RUNE DRAWN:: _____

INTERPRETATION:

_____
_____
_____
_____
_____
_____

Date: _____

QUESTION:_____
_____

RUNE DRAWN::_____

INTERPRETATION:

_____
_____
_____
_____
_____
_____
_____

Date: _____

QUESTION:_____
_____

RUNE DRAWN::_____

INTERPRETATION:

_____
_____
_____
_____
_____
_____
_____

Date: _____

QUESTION:_____
_____

RUNE DRAWN::_____

INTERPRETATION:

_____
_____
_____
_____
_____
_____
_____

Date: _____

QUESTION:_____
_____

RUNE DRAWN::_____

INTERPRETATION:

_____
_____
_____
_____
_____
_____

Date: _____

QUESTION:_____
_____

RUNE DRAWN::_____

INTERPRETATION:

_____
_____
_____
_____
_____
_____
_____

Date: _____

QUESTION:_____
_____

RUNE DRAWN::_____

INTERPRETATION:

_____
_____
_____
_____
_____
_____
_____

Date: _____

QUESTION: _____

_____

RUNE DRAWN:: _____

INTERPRETATION:

_____

_____

_____

_____

_____

_____

_____

Date: _____

QUESTION: _____

_____

RUNE DRAWN:: _____

INTERPRETATION:

_____

_____

_____

_____

_____

_____

_____

Date: _____

QUESTION:_____
_____

RUNE DRAWN::_____

INTERPRETATION:

_____
_____
_____
_____
_____
_____
_____

Date: _____

QUESTION:_____
_____

RUNE DRAWN::_____

INTERPRETATION:

_____
_____
_____
_____
_____
_____
_____

Date: _____

QUESTION:_____

_____

RUNE DRAWN::_____

INTERPRETATION:

_____

_____

_____

_____

_____

_____

_____

Date: _____

QUESTION:_____

_____

RUNE DRAWN::_____

INTERPRETATION:

_____

_____

_____

_____

_____

_____

_____

Date: _____

QUESTION:_____
_____

RUNE DRAWN::_____

INTERPRETATION:

_____
_____
_____
_____
_____
_____
_____

Date: _____

QUESTION:_____
_____

RUNE DRAWN::_____

INTERPRETATION:

_____
_____
_____
_____
_____
_____
_____

Date: _____

QUESTION:_____
_____

RUNE DRAWN::_____

INTERPRETATION:

_____
_____
_____
_____
_____
_____
_____

Date: _____

QUESTION:_____
_____

RUNE DRAWN::_____

INTERPRETATION:

_____
_____
_____
_____
_____
_____
_____

Date: _____

QUESTION:_____
_____

RUNE DRAWN::_____

INTERPRETATION:

_____
_____
_____
_____
_____
_____
_____

Date: _____

QUESTION:_____
_____

RUNE DRAWN::_____

INTERPRETATION:

_____
_____
_____
_____
_____
_____
_____

Date: _____

QUESTION: _____
_____

RUNE DRAWN:: _____

INTERPRETATION:

_____
_____
_____
_____
_____
_____
_____

Date: _____

QUESTION: _____
_____

RUNE DRAWN:: _____

INTERPRETATION:

_____
_____
_____
_____
_____
_____
_____

Date: _____

QUESTION:_____
_____

RUNE DRAWN::_____

INTERPRETATION:

_____
_____
_____
_____
_____
_____
_____

Date: _____

QUESTION:_____
_____

RUNE DRAWN::_____

INTERPRETATION:

_____
_____
_____
_____
_____
_____

Date: _____

QUESTION:_____
_____

RUNE DRAWN::_____

INTERPRETATION:

_____
_____
_____
_____
_____
_____
_____

Date: _____

QUESTION:_____
_____

RUNE DRAWN::_____

INTERPRETATION:

_____
_____
_____
_____
_____
_____
_____

Date: _____

QUESTION:_____
_____

RUNE DRAWN::_____

INTERPRETATION:

_____
_____
_____
_____
_____
_____
_____

Date: _____

QUESTION:_____
_____

RUNE DRAWN::_____

INTERPRETATION:

_____
_____
_____
_____
_____
_____
_____

Date: _____

QUESTION:_____
_____

RUNE DRAWN::_____

INTERPRETATION:

_____
_____
_____
_____
_____
_____
_____

Date: _____

QUESTION:_____
_____

RUNE DRAWN::_____

INTERPRETATION:

_____
_____
_____
_____
_____
_____
_____

Date: _____

QUESTION:_____
_____

RUNE DRAWN::_____

INTERPRETATION:

_____
_____
_____
_____
_____
_____
_____

Date: _____

QUESTION:_____
_____

RUNE DRAWN::_____

INTERPRETATION:

_____
_____
_____
_____
_____
_____
_____

Date: _____

QUESTION: _____
_____

RUNE DRAWN:: _____

INTERPRETATION:

_____
_____
_____
_____
_____
_____
_____

Date: _____

QUESTION: _____
_____

RUNE DRAWN:: _____

INTERPRETATION:

_____
_____
_____
_____
_____
_____
_____

Date: _____

QUESTION:_____
_____

RUNE DRAWN::_____

INTERPRETATION:

_____
_____
_____
_____
_____
_____
_____

Date: _____

QUESTION:_____
_____

RUNE DRAWN::_____

INTERPRETATION:

_____
_____
_____
_____
_____
_____
_____

Date: _____

QUESTION: _____
_____

RUNE DRAWN:: _____

INTERPRETATION:

_____
_____
_____
_____
_____
_____
_____

Date: _____

QUESTION: _____
_____

RUNE DRAWN:: _____

INTERPRETATION:

_____
_____
_____
_____
_____
_____
_____

Date: _____

QUESTION: _____
_____

RUNE DRAWN:: _____

INTERPRETATION:

_____
_____
_____
_____
_____
_____
_____

Date: _____

QUESTION: _____
_____

RUNE DRAWN:: _____

INTERPRETATION:

_____
_____
_____
_____
_____
_____
_____

Date: _____

QUESTION: _____

_____

RUNE DRAWN:: _____

INTERPRETATION:

_____
_____
_____
_____
_____
_____
_____

Date: _____

QUESTION: _____

_____

RUNE DRAWN:: _____

INTERPRETATION:

_____
_____
_____
_____
_____
_____
_____

Date: _____

QUESTION: _____

_____

RUNE DRAWN:: _____

INTERPRETATION:

_____

_____

_____

_____

_____

_____

_____

Date: _____

QUESTION: _____

_____

RUNE DRAWN:: _____

INTERPRETATION:

_____

_____

_____

_____

_____

_____

Date: _____

QUESTION:_____

_____

RUNE DRAWN::_____

INTERPRETATION:

_____
_____
_____
_____
_____
_____
_____

Date: _____

QUESTION:_____

_____

RUNE DRAWN::_____

INTERPRETATION:

_____
_____
_____
_____
_____
_____
_____

Date: _____

QUESTION:_____
_____

RUNE DRAWN::_____

INTERPRETATION:

_____
_____
_____
_____
_____
_____
_____

Date: _____

QUESTION:_____
_____

RUNE DRAWN::_____

INTERPRETATION:

_____
_____
_____
_____
_____
_____
_____

Date: _____

QUESTION: _____
_____

RUNE DRAWN:: _____

INTERPRETATION:

_____
_____
_____
_____
_____
_____
_____

Date: _____

QUESTION: _____
_____

RUNE DRAWN:: _____

INTERPRETATION:

_____
_____
_____
_____
_____
_____
_____

Date: _____

QUESTION:_____
_____

RUNE DRAWN::_____

INTERPRETATION:

_____
_____
_____
_____
_____
_____
_____

Date: _____

QUESTION:_____
_____

RUNE DRAWN::_____

INTERPRETATION:

_____
_____
_____
_____
_____
_____

Date: _____

QUESTION: _____
_____

RUNE DRAWN:: _____

INTERPRETATION:

_____
_____
_____
_____
_____
_____
_____

Date: _____

QUESTION: _____
_____

RUNE DRAWN:: _____

INTERPRETATION:

_____
_____
_____
_____
_____
_____
_____

Date: _____

QUESTION: _____
_____

RUNE DRAWN:: _____

INTERPRETATION:

_____
_____
_____
_____
_____
_____
_____

Date: _____

QUESTION: _____
_____

RUNE DRAWN:: _____

INTERPRETATION:

_____
_____
_____
_____
_____
_____
_____

Date: _____

QUESTION: _____
_____

RUNE DRAWN:: _____

INTERPRETATION:

_____
_____
_____
_____
_____
_____
_____

Date: _____

QUESTION: _____
_____

RUNE DRAWN:: _____

INTERPRETATION:

_____
_____
_____
_____
_____
_____
_____

Date: _____

QUESTION:_____
_____

RUNE DRAWN::_____

INTERPRETATION:

_____
_____
_____
_____
_____
_____
_____

Date: _____

QUESTION:_____
_____

RUNE DRAWN::_____

INTERPRETATION:

_____
_____
_____
_____
_____
_____
_____

Date: _____

QUESTION:_____

_____

RUNE DRAWN::_____

INTERPRETATION:

_____
_____
_____
_____
_____
_____
_____

Date: _____

QUESTION:_____

_____

RUNE DRAWN::_____

INTERPRETATION:

_____
_____
_____
_____
_____
_____
_____

Date: _____

QUESTION:_____
_____

RUNE DRAWN::_____

INTERPRETATION:

_____
_____
_____
_____
_____
_____
_____

Date: _____

QUESTION:_____
_____

RUNE DRAWN::_____

INTERPRETATION:

_____
_____
_____
_____
_____
_____
_____

Date: _____

QUESTION:_____
_____

RUNE DRAWN::_____

INTERPRETATION:

_____
_____
_____
_____
_____
_____
_____

Date: _____

QUESTION:_____
_____

RUNE DRAWN::_____

INTERPRETATION:

_____
_____
_____
_____
_____
_____

Date: _____

QUESTION:_____
_____

RUNE DRAWN::_____

INTERPRETATION:

_____
_____
_____
_____
_____
_____
_____

Date: _____

QUESTION:_____
_____

RUNE DRAWN::_____

INTERPRETATION:

_____
_____
_____
_____
_____
_____
_____

Date: _____

QUESTION: _____

_____

RUNE DRAWN:: _____

INTERPRETATION:

_____
_____
_____
_____
_____
_____
_____

Date: _____

QUESTION: _____

_____

RUNE DRAWN:: _____

INTERPRETATION:

_____
_____
_____
_____
_____
_____
_____

Date: _____

QUESTION:_____
_____

RUNE DRAWN::_____

INTERPRETATION:

_____
_____
_____
_____
_____
_____
_____

Date: _____

QUESTION:_____
_____

RUNE DRAWN::_____

INTERPRETATION:

_____
_____
_____
_____
_____
_____

Date: _____

QUESTION: _____
_____

RUNE DRAWN:: _____

INTERPRETATION:

_____
_____
_____
_____
_____
_____
_____

Date: _____

QUESTION: _____
_____

RUNE DRAWN:: _____

INTERPRETATION:

_____
_____
_____
_____
_____
_____
_____

Date: _____

QUESTION:_____

_____

RUNE DRAWN::_____

INTERPRETATION:

_____
_____
_____
_____
_____
_____
_____

Date: _____

QUESTION:_____

_____

RUNE DRAWN::_____

INTERPRETATION:

_____
_____
_____
_____
_____
_____
_____

Date: _____

QUESTION: _____
_____

RUNE DRAWN:: _____

INTERPRETATION:

_____
_____
_____
_____
_____
_____
_____

Date: _____

QUESTION: _____
_____

RUNE DRAWN:: _____

INTERPRETATION:

_____
_____
_____
_____
_____
_____
_____

Date: _____

QUESTION:_____
_____

RUNE DRAWN::_____

INTERPRETATION:

_____
_____
_____
_____
_____
_____
_____

Date: _____

QUESTION:_____
_____

RUNE DRAWN::_____

INTERPRETATION:

_____
_____
_____
_____
_____
_____
_____

Date: _____

QUESTION:_____

_____

RUNE DRAWN::_____

INTERPRETATION:

_____
_____
_____
_____
_____
_____
_____

Date: _____

QUESTION:_____

_____

RUNE DRAWN::_____

INTERPRETATION:

_____
_____
_____
_____
_____
_____
_____

Date: _____

QUESTION: _____

_____

RUNE DRAWN:: _____

INTERPRETATION:

_____

_____

_____

_____

_____

_____

_____

Date: _____

QUESTION: _____

_____

RUNE DRAWN:: _____

INTERPRETATION:

_____

_____

_____

_____

_____

_____

_____

Date: _____

QUESTION:_____
_____

RUNE DRAWN::_____

INTERPRETATION:

_____
_____
_____
_____
_____
_____
_____

Date: _____

QUESTION:_____
_____

RUNE DRAWN::_____

INTERPRETATION:

_____
_____
_____
_____
_____
_____
_____

Date: _____

QUESTION:_____
_____

RUNE DRAWN::_____

INTERPRETATION:

_____
_____
_____
_____
_____
_____
_____

Date: _____

QUESTION:_____
_____

RUNE DRAWN::_____

INTERPRETATION:

_____
_____
_____
_____
_____
_____
_____

Date: _____

QUESTION: _____
_____

RUNE DRAWN:: _____

INTERPRETATION:

_____
_____
_____
_____
_____
_____
_____

Date: _____

QUESTION: _____
_____

RUNE DRAWN:: _____

INTERPRETATION:

_____
_____
_____
_____
_____
_____
_____

Date: _____

QUESTION:_____
_____

RUNE DRAWN::_____

INTERPRETATION:

_____
_____
_____
_____
_____
_____
_____

Date: _____

QUESTION:_____
_____

RUNE DRAWN::_____

INTERPRETATION:

_____
_____
_____
_____
_____
_____
_____

Date: _____

QUESTION: _____
_____

RUNE DRAWN:: _____

INTERPRETATION:

_____
_____
_____
_____
_____
_____
_____

Date: _____

QUESTION: _____
_____

RUNE DRAWN:: _____

INTERPRETATION:

_____
_____
_____
_____
_____
_____
_____

Date: _____

QUESTION:_____
_____

RUNE DRAWN::_____

INTERPRETATION:

_____
_____
_____
_____
_____
_____
_____

Date: _____

QUESTION:_____
_____

RUNE DRAWN::_____

INTERPRETATION:

_____
_____
_____
_____
_____
_____
_____

Date: _____

QUESTION:_____
_____

RUNE DRAWN::_____

INTERPRETATION:

_____
_____
_____
_____
_____
_____
_____

Date: _____

QUESTION:_____
_____

RUNE DRAWN::_____

INTERPRETATION:

_____
_____
_____
_____
_____
_____
_____

Date: _____

QUESTION:_____
_____

RUNE DRAWN::_____

INTERPRETATION:

_____
_____
_____
_____
_____
_____
_____

Date: _____

QUESTION:_____
_____

RUNE DRAWN::_____

INTERPRETATION:

_____
_____
_____
_____
_____
_____
_____

Date: _____

QUESTION: _____

_____

RUNE DRAWN:: _____

INTERPRETATION:

_____

_____

_____

_____

_____

_____

_____

Date: _____

QUESTION: _____

_____

RUNE DRAWN:: _____

INTERPRETATION:

_____

_____

_____

_____

_____

_____

_____

Date: _____

QUESTION:_____
_____

RUNE DRAWN::_____

INTERPRETATION:

_____
_____
_____
_____
_____
_____
_____

Date: _____

QUESTION:_____
_____

RUNE DRAWN::_____

INTERPRETATION:

_____
_____
_____
_____
_____
_____
_____

Date: _____

QUESTION: _____

_____

RUNE DRAWN:: _____

INTERPRETATION:

_____
_____
_____
_____
_____
_____
_____

Date: _____

QUESTION: _____

_____

RUNE DRAWN:: _____

INTERPRETATION:

_____
_____
_____
_____
_____
_____
_____

Date: _____

QUESTION:_____
_____

RUNE DRAWN::_____

INTERPRETATION:

_____
_____
_____
_____
_____
_____
_____

Date: _____

QUESTION:_____
_____

RUNE DRAWN::_____

INTERPRETATION:

_____
_____
_____
_____
_____
_____
_____

Date: _____

QUESTION:_____
_____

RUNE DRAWN::_____

INTERPRETATION:

_____
_____
_____
_____
_____

Date: _____

QUESTION:_____
_____

RUNE DRAWN::_____

INTERPRETATION:

_____
_____
_____
_____
_____
_____

Date: _____

QUESTION:_____
_____

RUNE DRAWN::_____

INTERPRETATION:

_____
_____
_____
_____
_____
_____
_____

Date: _____

QUESTION:_____
_____

RUNE DRAWN::_____

INTERPRETATION:

_____
_____
_____
_____
_____
_____
_____

Date: _____

QUESTION: _____
_____

RUNE DRAWN:: _____

INTERPRETATION:
_____
_____
_____
_____
_____
_____
_____

Date: _____

QUESTION: _____
_____

RUNE DRAWN:: _____

INTERPRETATION:
_____
_____
_____
_____
_____
_____

Date: _____

QUESTION:_____
_____

RUNE DRAWN::_____

INTERPRETATION:

_____
_____
_____
_____
_____
_____
_____

Date: _____

QUESTION:_____
_____

RUNE DRAWN::_____

INTERPRETATION:

_____
_____
_____
_____
_____
_____
_____

Date: _____

QUESTION:_____
_____

RUNE DRAWN::_____

INTERPRETATION:

_____
_____
_____
_____
_____
_____
_____

Date: _____

QUESTION:_____
_____

RUNE DRAWN::_____

INTERPRETATION:

_____
_____
_____
_____
_____
_____
_____

Date: _____

QUESTION:_____
_____

RUNE DRAWN::_____

INTERPRETATION:

_____
_____
_____
_____
_____
_____
_____

Date: _____

QUESTION:_____
_____

RUNE DRAWN::_____

INTERPRETATION:

_____
_____
_____
_____
_____
_____
_____

Made in the USA
Las Vegas, NV
29 April 2021